Tous les pasteurs n'ont pas droit aux dîmes et aux offrandes

Edmond Kamango Selemani Sheta – Sheta

Copyright © 2022 Edmond Kamango Selemani Sheta – Sheta
Copyright © 2022 Generis Publishing

All rights reserved. This book or any portion thereof may not be reproduced or used in any manner whatsoever without the written permission of the publisher except for the use of brief quotations in a book review.

Title: Tous les pasteurs n'ont pas droit aux dîmes et aux offrandes

ISBN: 979-8-88676-049-1

Author: Edmond Kamango Selemani Sheta – Sheta

Cover image: www.pixabay.com

Publisher: Generis Publishing
Online orders: www.generis-publishing.com
Contact email: info@generis-publishing.com

INTRODUCTION

Des gens sans onction sacerdotale, de simples pasteurs, et très souvent de vulgaires imitateurs autoproclamés serviteurs de Dieu, profitent de l'ignorance du peuple pour s'engraisser des dîmes et des offrandes auxquelles ils n'ont aucun droit. Ces escrocs vivent dans un luxe scandaleux, eux-mêmes, leurs femmes, et leurs enfants.

Ventripotents, ils emploient indument l'argent du Seigneur Jéhovah pour s'offrir tous les plaisirs du monde, pour faire des voyages touristiques, et mener brillante et joyeuse vie, mangeant des mets délicieux, buvant des boissons exquises, étant vêtus de pourpre, de lin et d'écarlate, étincelant d'or, de perles, et de pierres précieuses.

Businessmen zélés, ils multiplient les cultes pour augmenter les occasions de recevoir des dîmes et des offrandes, prétextant que Jésus - Christ a ordonné de prier sans cesse, comme si prier sans cesse était synonyme d'organiser des cultes, ou si la prière avait besoin d'assemblées solennelles avec pasteurs, musiques, et offrandes.

En abordant ce sujet, je sais que je vais m'attirer les foudres de tous ces trafiquants de fidèles qui, ayant échoué ailleurs, ont trouvé dans l'Eglise un moyen de satisfaire leurs faims perverses et insatiables, en s'emparant des dîmes et des offrandes.

Il y en a qui me taxeront de jalousie des richesses matérielles des pasteurs qui, pour reprendre leur expression chérie, ont été élevés par Dieu.

Aussi commencerai – je par faire la mise au point suivante avant d'entrer dans le vif du sujet.

1. *LA RICHESSE MATERIELLE N'EST PAS UNE PREUVE DE L'APPROBATION DIVINE*

Un vrai chrétien formé à l'école de Jésus ne peut absolument pas jalouser quelqu'un pour les richesses d'ici bas. Il a appris de son Maître que les riches entreront difficilement dans le royaume des cieux, mieux, qu'il est plus facile à un chameau de traverser le chas d'une aiguille qu'à un riche d'entrer dans le royaume des cieux (Mt. 19 : 22-23).

Un vrai chrétien a appris en outre à ne pas s'amasser des richesses dans ce monde, mais à amasser des trésors dans le ciel (Mt 6 : 19 – 20). Et il ne se trompe point comme les faux pasteurs sur la manière d'amasser ces trésors. Lui vend ce qu'il possède et le donne en aumônes afin d'avoir un trésor dans le ciel (Luc 12 : 33). Le vrai chrétien sait aussi que les richesses de ce monde sont injustes (Luc 16 : 9). Aussi se fait – il des amis célestes avec ces richesses afin qu'ils le reçoivent dans les demeures éternelles lorsqu'elles viendront à manquer.

Il en résulte qu'un vrai Pasteur ne regarde pas la prospérité matérielle comme une preuve de l'approbation divine. Il ne peut pas multiplier les maisons, les voitures, et les autres possessions terrestres dans le but d'étaler sa gloire, pendant que la grande majorité de ses fidèles croupissent dans la misère.

A ce propos, il a toujours présentes à l'esprit les paroles suivantes de l'écriture sainte : « Ce n'est pas, en effet, aux enfants à amasser pour leurs parents, mais aux parents pour leurs enfants » (2 Co. 12 :14), et : « Celui qui avait ramassé beaucoup n'avait rien de trop, et celui qui avait ramassé peu n'en manquait pas » (2 Co. 8 : 15).

Le vrai Pasteur n'est donc pas celui qui vit dans l'abondance au milieu des frères démunis, mais celui qui suit une règle d'égalité, de sorte que son superflu pourvoie aux besoins des autres, afin que leur superflu pourvoie pareillement aux siens. Et le vrai Pasteur, ce n'est pas celui que les fidèles enrichissent, mais qui enrichit les fidèles.

Les gens créent des églises aujourd'hui, se séparent donc des autres, dans le seul but de vivre des dîmes, des offrandes et des donations diverses. Les charges pastorales jadis dédaignées sont de nos jours très convoitées parce qu'elles donnent accès à la caisse.

Moi je ne suis pas entré dans l'Eglise pour devenir riche dans le présent système de choses. Je sais qu'il y a en dehors de l'Eglise des gens qui sont riches, voire richissimes, mais qui n'ont jamais prié pour avoir la prospérité. Ils ne sont jamais allés voir un Pasteur chrétien pour pouvoir amasser l'argent. Leur travail a suffi amplement pour les élever au rang des fortunés.

Le Japon, par exemple, compte 2% de chrétiens seulement, et pourtant il est parmi les pays les plus riches de la planète. Et on y rencontre des milliardaires qui n'ont rien à envier aux chrétiens sur le plan matériel. Des exemples de ce genre foisonnent. Le monde musulman compte à l'heure qu'il est 1.5 milliard d'adeptes. On y trouve des gens scandaleusement riches, mais qui n'ont jamais fréquenté une secte chrétienne.

Chacun sait que le monde marxiste est plein d'athées, et pourtant il ne manque pas de richards parmi eux.

Prenons un exemple dans notre milieu. Mon grand – père paternel, le regretté Mwana Kahambwe Ngalu était un sultan très prospère. Il avait de grands biens y compris des esclaves. Il distribuait des vêtements aux pauvres et prêtait de l'argent à tous. Et pourtant il était un adorateur des divinités païennes. Il était capable de transformer un pilon en ceinture afin de rendre invincible son porteur. Il commandait au coq et il pondait des œufs et quiconque mangeait de ces œufs devenait un fidèle exécuteur de ses volontés.

Le Prince Kahambwe Ngalu plantait un plant de bananier dans une place publique et lui parlait afin qu'il donnât des bananes. Et la chose était ainsi. Avec ces bananes, il pouvait faire toutes sortes de prodiges. C'est ainsi que pendant plus de trois ans, il empêcha le colonisateur d'arriver à Loengo, la capitale des Benya Nalwe, jusqu'à ce que l'homme blanc s'engageât à ne point humilier les notables et les chefs des familles en les déshabillant publiquement au nom d'un contrôle médical, comme cela se faisait ailleurs.

Enfin Ngalu Mulumba pouvait rendre un jeune vieillard et un vieillard jeune dans le but de le soustraire à un danger qui menaçait les jeunes ou les vieux selon les cas. C'est grâce à lui que la grande majorité des jeunes gens qui étaient recrutés dans la force publique dans le cadre de la guerre 40 – 45 furent relâchés. Des parents venaient de partout pour solliciter la libération de leurs enfants et Kahambwe Ngalu le faisait.

Pareillement, mon grand père maternel, le regretté Mwana Ntambwe Lumpangu, était un grand Seigneur chez les Basonge. Il possédait des terres, des rivières, des troupeaux de bétail, des fusils, etc. Sa renommée avait traversé les frontières nationales. Il guérissait les maladies, chassait les démons et faisait beaucoup de prodiges. Par exemple, il avait parlé et une source d'eau avait jailli de la terre. Cette source a tari seulement après la mort du Chef en 1972. Ngandu Lumina Mabwe, c'est ainsi qu'il aimait s'appeler, pouvait rendre une chasse fructueuse, transformer une corde en serpent en vue de la protection de son porteur.

Mwana Ntambwe Lumpangu commandait à la pluie, et elle allait tomber ailleurs. Les autorités coloniales qui avaient dirigé le Poste de SAMBA et le territoire de Kasongo ainsi que le peuple Songe ont gardé de sa Majesté Ntambwe Lumpangu le souvenir d'un homme élevé en puissance, en honneur et en magnificence. Et pourtant il n'était pas un chrétien mais un musulman.

Du vivant de mes deux grands – pères, très peu de gens pouvaient se prévaloir de les égaler en gloire. Et n'eût – été le bouleversement opéré par la colonisation, en renversant des royaumes et en incorporant plusieurs peuples dans un Etat commun, les deux familles eussent été parmi les grands de ce monde sans qu'ils devinssent chrétiens.

Ceci montre à quel point la richesse matérielle n'est pas l'apanage des chrétiens, et elle ne devrait pas intervenir à 100% dans l'appréciation des fils de Dieu.

Il est malheureux de constater que les chrétiens mesurent leur bénédiction par rapport aux riches païens. Quand vous dites que Dieu vous a élevé parce que vous aussi avez acquis de grands biens, une voiture, une maison, un immeuble important, une station de radio et de télévision, parce qu'il vous a fait asseoir avec les riches païens, principaux auteurs de ces choses, n'êtes – vous pas plutôt terre à terre étant donné que d'après l'échelle céleste les païens, quelle que soit leur richesse, sont l'escabeau des fils de Dieu ?

Donc égaler les païens quelque grands qu'ils puissent être n'est pas être élevé, c'est en réalité descendre jusqu'aux enfers. Et quand vous vous félicitez d'être bénis par Dieu à cause de vos possessions terrestres, que diront les païens, eux qui produisent ces richesses depuis la nuit des temps ? Sont – ils donc élevés par Dieu ? Et si les païens sont bénis par Dieu de cette manière sans crier sur le toit, pourquoi faites – vous autant de publicité de vos richesses ? Mais si les richesses des païens ne proviennent pas d'une grâce éminente, à quoi bon prier sans cesse pour la prospérité ?

Si avoir des grands biens c'est être béni par Dieu, alors laissons tranquilles les païens, ne les évangélisons pas parce qu'ils sont déjà dans la proximité de Dieu.

Non, je n'ai pas envie de prendre la place des riches, je ne m'oppose pas non plus à la prospérité des bons Pasteurs, mais je m'insurge contre la perception des dîmes et offrandes, ces choses très saintes, par des gens sans onction sacerdotale.

2. LES DIMES SONT POUR LES PRETRES

D'après la loi de Jéhovah, Dieu, seules les personnes qui exercent le sacerdoce ont le droit de lever la dîme sur le peuple, c'est-à-dire sur leurs frères. Ainsi, quoique tout Israël fût le peuple élu, seule une tribu, la tribu de Lévi était choisie pour exercer le sacerdoce, et elle seule avait le droit de lever la dîme sur le peuple (Nombre 18 : 24).

3. LES OFFRANDES SAINTES SONT POUR LES PRETRES

Dans un autre article, la même loi dispose que toutes les choses qui sont offertes à l'Eternel, l'Eternel les a données aux Prêtres comme droit d'onction sacerdotale. Et la loi poursuit en précisant que toutes les offrandes, tous les dons, tous les sacrifices d'expiation, tous les sacrifices de culpabilité, et toutes les prémices que le peuple offrira à l'Eternel, sont des choses très saintes qui seront pour les Prêtres (Nombre 18 : 8-9). L'on comprend dès lors que seuls les Prêtres ont le droit de percevoir les dîmes sur le peuple et de recevoir les offrandes saintes en échange du **service sacerdotal** qu'ils rendent à Dieu et au peuple.

La sainte loi ne dit pas qu'il suffit de pouvoir enseigner la parole de Dieu, de prophétiser ou de faire des miracles au nom de Dieu ou de Jésus-Christ pour avoir droit aux dîmes et aux offrandes saintes. Non, il faut être établi expressément par lui comme sacrificateur, car nul ne peut s'attribuer cette dignité s'il n'est appelé de Dieu comme le fut Aaron (Hébreux 5 : 4).

4. TOUT PASTEUR N'EST PAS UN PRETRE

En disant que quiconque prétend aux dîmes et offrandes doit prouver qu'il est un prêtre, nous éliminons un très grand nombre de voleurs des dîmes et offrandes. Mais, comme dit un adage, lorsque vous construisez un mur de deux mètres cinquante de haut, des voyous fabriquent une échelle de trois mètres. C'est ainsi que pour pouvoir s'accrocher aux dîmes et aux offrandes, tous les pasteurs et tous les prophètes vont s'arroger la sacrificature…

Disons d'emblée que tout vrai Pasteur, tout vrai Prophète n'est pas un Prêtre. Hier comme aujourd'hui, il y a beaucoup de serviteurs de Dieu reconnus mais qui ne sont pas investis du sacerdoce.

Dans l'ancien Israël, il y avait d'éminents conducteurs religieux qui n'étaient pas des prêtres. Citons pour fixer les idées Nicodème, Gamaliel et Saul de Tarse (Ac. 5 : 34 ; 22 : 3 ; Ph. 3 : 5-6). Plus généralement, citons tous les pharisiens, tous les scribes et tous les sadducéens.

Ces messieurs dont Jésus a reconnu la profession en les appelant « Docteur » d'Israël (Jn. 3 : 1, 9,10), ou en les proclamant assis dans la chaire de Moïse (Mat. 23 : 2), étaient des Pasteurs parce que Jésus les a reconnus comme conducteurs spirituels du peuple (Mat. 23 : 16), et a recommandé aux juifs de faire ce qu'ils disaient de la part de Jéhovah (Mat. 23 : 3).

Néanmoins, ces Pasteurs ne se permettaient jamais de lever les dîmes pour leur compte, ni de recevoir les offrandes saintes. En revanche, eux aussi payaient les dîmes et faisaient les offrandes comme le reconnaît Jésus en Mat. 23 : 23.

Ce qui fait comprendre que selon l'ordre établi par Jéhovah, Dieu, on peut être un Pasteur sans être un Prêtre, et par conséquent, on peut être un Pasteur sans avoir le droit de jouir des dîmes et des offrandes saintes.

Les Pasteurs doivent payer les dîmes et faire les offrandes comme tous les fidèles. Tandis que les Prêtres ne paient point les dîmes ni ne font les offrandes, exception faite de la dîme de la dîme que les prêtres donnent au Souverain Sacrificateur (Nombre 18 : 26).

Les Prophètes aussi ne sont pas nécessairement des Prêtres. L'écriture suivante permet de distinguer entre un Prêtre et un Prophète. Michée 3 : 11, 12 : Ses chefs jugent pour des présents, ses sacrificateurs enseignent pour un salaire, Et ses prophètes prédisent pour de l'argent, Et ils osent s'appuyer sur l'Eternel, ils disent : l'Eternel n'est – il pas au milieu de nous ? Le malheur ne nous atteindra pas. C'est pourquoi, à cause de vous, Sion sera labouré comme un champ, Jérusalem deviendra un monceau de pierres.

L'écriture précédente distingue clairement entre les Autorités civiles, les Prêtres et les Prophètes. Il est donc évident qu'on peut être un Prophète sans être un Prêtre. Un tel Prophète n'a point droit aux dîmes et aux offrandes. Au contraire, il doit payer les dîmes et faire les offrandes auprès des Prêtres, tandis que, je le répète, ces derniers ne versent ni dîmes ni offrandes, excepté la dîme des dîmes qu'ils doivent au Souverain Prêtre.

Moïse était un Prophète, mais il n'avait pas droit aux dîmes et offrandes. Elie fut un très grand Prophète, mais il ne touchait pas aux dîmes et aux offrandes. Il vivait des libéralités du peuple et de son propre labeur. Je peux citer tous les vrais prophètes du vrai Dieu, originaires d'autres tribus d'Israël que la tribu de Lévi.

Ces valeureux serviteurs de Dieu ne vivaient point de dîmes et offrandes. Ils savaient que bien qu'ils fussent eux aussi des serviteurs de Dieu, ils n'avaient pas droit aux dîmes et offrandes, ces choses saintes réservées aux Prêtres.

En revanche, ils payaient eux aussi les dîmes et les offrandes aux vrais Prêtres.

Mais les faux Prêtres des églises d'aujourd'hui, conscients qu'ils se sont attribué eux-mêmes cette dignité, paient eux aussi la dîme et donnent les offrandes je ne sais à qui. Cette remarque prouve qu'ils ne savent pas ce qu'ils font, que quelque part ils se reprochent quelque chose, et que pour masquer leurs vols, ou plutôt pour les embellir, ils présentent eux aussi leurs dîmes et offrandes avant de les récupérer par l'autre main.

L'écriture susmentionnée montre, si besoin était encore, que Dieu désapprouve les Pasteurs qui font de leur profession un business. Un pays qui héberge de tels Pasteurs est constamment menacé de destruction, car il sera labouré comme un champ, et il tombera en ruines, devenant un monceau de pierres.

5. *LES MOYENS D'ENRTETIEN DES PASTEURS ET PROPHETES*

Sans doute, vous voulez savoir comment ces Pasteurs et ces prophètes seront entretenus s'ils ne touchent pas eux dîmes et aux offrandes. Je vous poserai moi aussi la question suivante : Comment Nicodème, Gamaliel, Saul de Tarse, et tous les Pharisiens, et tous les scribes, et tous les sadducéens qui enseignaient la parole de Dieu, étant assis dans la chaire de Moise, et qui couraient la mer et la terre pour faire des prosélytes (Mat. 23 : 15) étaient – ils entretenus, eux qui ne touchaient pas aux dîmes et aux offrandes, mais qui les payaient comme tous les fidèles ?

Les Pasteurs, les Prophètes et les Evangélistes peuvent vivre des libéralités des disciples, et des collectes organisées par l'Eglise pour assister les pauvres et ceux qui annoncent la bonne nouvelle (1. Cor. 9 :14).

Vivre de l'Evangile ce n'est ni accaparer les dîmes et les offrandes, ni avoir un salaire dans l'Eglise, mais jouir d'un droit sur les biens des personnes évangélisées. Ces dernières ont l'obligation de donner leurs biens à leurs enseignants spirituels selon qu'il est écrit : « Que celui à qui l'on enseigne la parole fasse part de tous ses biens à celui qui l'enseigne » (Ga. 6 : 6).

Depuis toujours les membres les plus démunis de l'Eglise recevaient une assistance matérielle qui provenait non pas des dîmes et offrandes, mais de la générosité de leurs frères (Ac. 4 : 32 – 37). De même les serviteurs de Dieu en général recevaient les secours qui provenaient non pas des dîmes et offrandes saintes, mais de donations recueillies par l'Eglise.

Des collectes spéciales étaient fréquemment organisées dans le but d'assister les saints qui étaient dans le besoin (2 Cor. 8 : 4 ; 2 Cor. 9 :1,12). Dans tout cela les dîmes et les offrandes étaient réservées exclusivement aux Prêtres.

Pareillement, s'il se trouve un Pasteur véritable, ou un Prophète, ou un Evangéliste qui n'est pas un Prêtre, il vivra de son travail profane d'abord avant de compter sur les libéralités des personnes qu'il enseigne.

C'est ainsi que toute la loi concernant la dîme et les offrandes sera entièrement respectée. On ne peut pas aimer la dîme sans respecter la loi qui l'a instituée. Si le christianisme perpétue la pratique de la dîme et des offrandes, c'est en vertu de la volonté divine clairement exprimée dans l'écriture sainte. D'ailleurs très peu de gens parmi ceux qui s'emparent des dîmes et offrandes saintes sont capables de justifier cette tradition dans la nouvelle sacrificature établie par Jésus.

Quant à nous, la perception de la dîme et des offrandes saintes est fondée sur les écritures suivantes :

Hébreux 7 : 8 : Et ici ceux qui perçoivent la dîme sont des hommes mortels ; mais là, c'est celui dont il est attesté qu'il est vivant.

Hébreux 7 : 21 : Car, tandis que les lévites sont devenus sacrificateurs sans serment, Jésus l'est devenu avec serment par celui qui lui a dit : Tu es sacrificateur pour toujours selon l'ordre de Melchisédek. Ces deux écritures fondent le sacerdoce chrétien et lui garantissent le droit de recevoir la dîme à l'instar des sacerdoces Aaronique et Melchisédekien dont il prend la place pour des temps indéfinis.

Ce n'est donc pas par hasard que le christianisme perpétue la pratique de la dîme, mais celle-ci est légalisée par les écritures susmentionnées. Par conséquent, la perception de la dîme doit obéir à la loi en la matière promulguée à l'époque de Melchisédek, mise en force tout le long de la sacrificature Aaronique, et qui est toujours en vigueur. Cette loi, rappelons –

le, dispose que la dîme et les offrandes saintes sont réservées aux Prêtres à l'exclusion de tous autres serviteurs de Dieu, en l'occurrence les Pasteurs, les Prophètes et les Evangélistes.

6. TOUS LES CHRETIENS NE SONT PAS DES PRETRES

Une certaine opinion mal informée soutient que tous les chrétiens sont des prêtres. Ceux-là s'appuient sur le verset ci - après qui déclare : « Vous, au contraire, vous êtes une race élue, un sacerdoce royal » (1 Pi. 2 :9). Le vous dans cette écriture semble désigner tous les chrétiens. Est – ce bien cela ? L'étude de l'ensemble des écritures néo – testamentaires révèle que tous les chrétiens ne sont pas des prêtres.

D'ailleurs par simple logique on devrait comprendre qu'il n'est pas possible que tous soient des prêtres. Un prêtre est, par définition, un intermédiaire entre Dieu et le peuple. Donc là où il y a des prêtres il doit y avoir nécessairement un dieu, en l'occurrence Jéhovah, Dieu, d'un côté, et la multitude de l'autre. Mais si tous deviennent des prêtres où sera le peuple ?

Effectivement, la chrétienté est composée de deux parties : d'un côté, les prêtres associés à la sacrificature de Jésus - Christ, et de l'autre, le peuple des saints.

Cette division ressort de plusieurs écritures. En effet, en Apo. 7, nous voyons deux groupes de chrétiens. D'une part, ceux qui portent le sceau de Dieu sur leurs fronts, et leur nombre se chiffre à 144.000 personnes. D'autre part, une foule innombrable de gens de toutes langues ayant des palmes dans leurs mains et vêtus de robes blanches, robes qu'ils ont nettoyées et blanchies dans le sang de l'agneau (Apo. 7: 1 – 4, 9 – 13).

Nul ne peut nier en lisant les versets précités que nous avons affaire à deux groupes de chrétiens distincts. Ceux qui portent le sceau de Dieu sont des chrétiens car sur ce sceau est marqué le nom de Jésus, et que de surcroît, ils suivent l'agneau partout où il va (Apo. 14 : 1).

Et ceux qui ont lavé leurs robes et les ont blanchies dans le sang de l'agneau sont par le fait même des chrétiens. Et pourtant de ces deux groupes, tous élevés à la sainteté, seul le premier, c'est-à-dire les 144.000 serviteurs de Dieu sont des prêtres. Cela ressort du sceau qu'ils portent sur leurs fronts.

D'après Apo.14 :1, complété par Apo. 3 : 12, le sceau porte trois noms : le nom de Dieu, le nom nouveau de Jésus et le nom de Jérusalem. Il est à noter qu'au dire d'Apo. 19 : 16, le nom nouveau de Jésus c'est : « Roi des rois et Seigneur des seigneurs ».

D'après ce sceau donc, chacun des 144.000 serviteurs de Dieu s'appelle « Dieu, Jérusalem céleste, Roi des rois et Seigneur des seigneurs », ce qui signifie que les 144.000 serviteurs de Dieu sont des Dieux (Jn 10 : 34, 35), des Rois des rois et des Seigneurs des seigneurs associés à Christ (Apo. 5 : 8 – 10), et des Prêtres de Dieu et du Christ (Apo. 20 : 6).

C'est à eux que la parole de Dieu a été adressée (Apo. 22 : 17), ce sont eux qui détiennent l'hégémonie sur toutes les tribus, toutes les langues, toutes les nations et tous les peuples du monde à venir. Et ce sont eux qui sont le sacerdoce royal dont a parlé l'Apôtre Simon (1 Pi. 2 : 9).

En conséquence, la grande foule est constituée des laïcs uniquement. C'est parmi eux que se recrutent les pasteurs, les prophètes, les évangélistes dont les pharisiens et les scribes étaient une représentation.

7. COMMENT RECONNAITRE UN VRAI PRETRE ?

Contrairement à l'ancienne sacrificature où les prêtres péchaient eux mêmes comme le peuple, les prêtres associés à Jésus - Christ sont des personnes qui ne commettent plus de péché à compter de leur nouvelle naissance. Je sais que cette déclaration va soulever un tollé de contestation, et pourtant ce n'est pas mon opinion personnelle.

C'est Dieu lui même qui atteste cela, selon qu'il déclare à propos des 144.000 serviteurs de Dieu : « Ce sont ceux qui ne se sont pas souillés avec des femmes, car ils sont vierges : ils suivent l'agneau partout où il va. Ils ont été rachetés d'entre les hommes comme des prémices pour Dieu et pour l'agneau ; et dans leur bouche il ne s'est point trouvé de mensonge, car ils sont irrépréhensibles » (Apo. 14 : 4, 5).

Un Prêtre du Nouveau Testament, c'est quelqu'un qui est né de nouveau et qui, pour cela, ne pèche plus tout le reste de sa vie. Je comprends bien ce que je dis, et je dis ce que je comprends parfaitement. Beaucoup d'entre mes lecteurs, il est vrai, trouvent ce message très dur, parce que leurs faux pasteurs enseignent que personne n'est juste sur la terre.

Et ils se réfèrent à deux versets de l'écriture qu'ils ne comprennent pas du tout, et dont ils tordent le sens dans le but de vivre tranquillement dans leurs péchés. L'un de ces versets est le suivant :

Romains 3 : 9 – 10 : Quoi donc ! sommes-nous plus excellents ? Nullement. Car nous avons déjà prouvé que tous, juifs et grecs, sont sous l'empire du péché, selon qu'il est écrit : « Il n'y a point de juste, Pas même un seul ».

Remarquons pour commencer que Paul, l'auteur du verset précité, est en train de citer un verset du Psaume 14 : 3 (Voir aussi Ps. 53 : 4). Mais ce verset comme une foule d'autres est valable dans un espace et dans un temps bien déterminés. Il ne veut nullement dire que de tout temps et dans tous les espaces il n'y a jamais eu de juste. Si Paul voulait dire cela il contredirait toute la Bible, ancien et nouveau testament réunis.

En effet, l'Ancien Testament abonde en textes attestant l'existence des justes en Israël comme en dehors de ce pays, et à des époques différentes. Et nous connaissons certains noms : Abel (Ge. 4 : 4 ; Mat. 23 : 35), Noé (Ge. 6 : 9), Lot (2Pi. 2 : 7), et Job (Job 1 : 1 ; 2 : 3) pour ne citer que ceux – ci. D'autres textes de l'ancien testament parlent sans les nommer d'un grand nombre de justes (1 Rois 19 : 18).

D'autres passages de l'ancien testament parlant de notre époque voient un grand nombre de justes. C'est notamment le cas de Malachie 3 : 18 où Dieu promet de faire la différence entre le juste et le méchant au jour du jugement. Dieu n'allait pas faire allusion aux justes s'ils n'en existaient absolument pas.

Le Nouveau Testament quant à lui parle ouvertement des justes. Nous pensons notamment à Zacharie et sa femme Elisabeth (Luc 1 : 5,6). En Mat. 13 : 43, Jésus reconnaît l'existence des justes en disant : Alors les justes resplendiront comme le soleil dans le royaume de leur Père. En Mat. 13 : 49, Jésus voit encore les justes : Il en sera de même à la fin du monde, dit-il : Les Anges viendront séparer les méchants d'avec les justes. En Mat 25 : 37, Jésus se voit échangeant des propos avec les justes : Les justes lui répondront : Seigneur, quand t'avons – nous vu avoir faim, et t'avons – nous donné à manger, ou avoir soif, et t'avons – nous donné à boire ?...

Et il ne s'agit pas d'une justice imméritée ou « proclamatoire », car Jésus énumère les œuvres qui les rendent justes.

Maintenant la question est la suivante : est – ce que le mot juste employé dans cette foule d'écritures a un autre sens que celui utilisé par Paul dans Romains 3 : 9, 10 ? Nullement. Dans Apo. 3 : 4, Dieu reconnaît lui-même l'existence des chrétiens qui n'ont pas souillé leurs vêtements, vêtements spirituels, bien entendu. Si ne pas souiller ses vêtements spirituels, ce n'est pas être juste, dites – moi comment il faut le qualifier.

Revenons aux 144.000 serviteurs de Dieu pour souligner un témoignage que Dieu leur rend. Dieu dit : Ils sont vierges…ils sont irrépréhensibles. Qu'est – ce que être vierge ? Un papier vierge est celui sur lequel on n'a pas écrit un iota. Au football, quand on parle des perches vierges on entend des perches qui n'ont encaissé aucun but. Une fille vierge est celle qui ne connaît point d'homme.

Une personne vierge au plan spirituel où se situe l'écriture sous revue, est une personne qui n'a jamais, alors jamais encaissé un péché. Ça c'est le témoignage de Dieu lui-même qui sonde les cœurs et les reins. Qui êtes – vous pour contester le témoignage de Dieu, l'Omniscient ? Peut-être voulez – vous qu'on vous cite des gens qui sont justes aujourd'hui ?

Sachez que les hommes charnels discutent des individus, les hommes psychiques discutent des événements, et les hommes spirituels discutent des principes. Ici nous vous enseignons un principe divin qui énonce l'existence des hommes justes.

Vous avez reconnu que la Bible déclare copieusement qu'il y a des justes et des saints sur la terre. Si ce que nous venons de dire ne suffit pas pour vous convaincre, alors l'écriture suivante se chargera d'achever notre démonstration.

En effet, l'écriture déclare que les nés de nouveau ne pèchent pas : « Quiconque est né de Dieu ne pratique pas le péché, parce que la semence de Dieu demeure en lui ; et il ne peut pécher parce qu'il est né de Dieu » (1 Jn.3 : 9).

C'est clair comme de l'eau claire dans un verre clair. Nous ne disons pas que tous les chrétiens ne pèchent pas. Mais tout chrétien né de nouveau ne pèche pas. Et l'écriture dit pourquoi : ***parce que la semence de Dieu demeure en lui.***

Si quelqu'un peut trouver dans la bible un verset, un seul, qui atteste qu'une personne née de nouveau peut commettre un péché, alors je lui donnerai ma tête à couper. Je sais que vous chercherez un tel verset jusqu'à la fin de votre vie sans le trouver, parce qu'il n'existe pas.

Un deuxième verset que l'on brandit pour soutenir que personne n'est sans péché sur la terre est le suivant : « Si nous disons que nous n'avons pas de péché nous nous séduisons nous-mêmes, et la vérité n'est point en nous.

Si nous disons que nous n'avons pas péché, nous le faisons menteur, et sa parole n'est point en nous » (1 Jn. 1 : 8, 10).

L'écriture qui précède ne s'adresse pas aux chrétiens nés de nouveau. Relisez le texte depuis le premier verset, vous comprendrez que cette écriture placée dans son contexte s'adresse à ceux qui viennent de recevoir l'Evangile, et les choses qui leur sont dites sont les premiers rudiments de l'Evangile consistant à convaincre les non - convertis du péché.

Cela est d'autant plus trivial que l'Apôtre commence sa lettre comme suit : « Ce que nous avons vu et entendu, nous vous l'annonçons à VOUS AUSSI, afin que vous aussi vous soyez en communion avec NOUS… ». Visiblement, l'apôtre parle aux non convertis, dans le but de les amener à être en **communion** avec les convertis. Dans la phrase, le NOUS représente les convertis, tandis que VOUS AUSSI sous-entend ceux qui sont encore hors de l'Eglise mais qu'on cherche à égaler aux membres de celle-ci.

D'ailleurs l'adverbe « aussi » est un terme de comparaison, qui exprime ici un rapport d'égalité souhaité entre les deux parties. Du verset 5 à 10, l'apôtre cite l'enseignement qu'il a reçu quand il était lui-même un non converti, et qu'il est chargé maintenant d'annoncer aux nouveaux - venus. Voilà la vérité.

Et progressant dans sa lettre vous trouverez un endroit où l'apôtre parle des disciples nés de nouveau. A propos de ces derniers, il dit que *« Quiconque est né de Dieu ne pratique pas le péché, parce que la semence de Dieu demeure en lui » (1 Jn 3 : 9).*

Comme on le voit, un Prêtre de Jésus c'est quelqu'un qui ne pratique pas le péché à dater de sa nouvelle naissance. Ce ne sont pas ces farceurs de Pasteurs qui vous naissent de nouveau chaque matin et qui vous meurent chaque soir. Je ne connais pas un seul chrétien qui est né de nouveau plus d'une fois. Hébreux 6 : 4-6 indique que si une personne née de nouveau venait à commettre un péché, elle ne serait plus renouvelée et amenée à la **repentance**.

Le verbe renouveler employé ici est de la famille de l'adjectif nouveau, et signifie rendre nouveau une seconde fois. Il est employé dans la forme négative avec l'adverbe plus pour souligner que nul ne peut naître de nouveau plus d'une fois. C'est clair et net. Que celui qui a des oreilles pour comprendre comprenne. Il n'y a que vos pasteurs et vous-mêmes qui naissez de nouveau plusieurs fois. Races de vipères, comment échapperez – vous à la colère de Dieu, vous qui mentez comme vous respirez ?

Dès lors, que voulait dire l'apôtre Paul en affirmant qu'il n'y a point de juste sur la terre ? Tout simplement qu'il n'y a personne qui n'a jamais péché, ni qui est né juste. Tous et chacun ont eu à pécher à un moment donné de leur existence, excepté Jésus-Christ, et pourtant à un autre moment, que ce soit dans l'ancien Testament ou dans le nouveau Testament, il y en a qui sont parvenus au point de rupture radicale avec le péché, observant d'une manière irréprochable tous les commandements du Seigneur (Luc 1 : 6). Leur virginité s'entend du fait qu'ils sont nés de nouveau, devenant ipso facto de nouvelles créatures, et puisqu'elles ne pèchent plus depuis la nouvelle naissance, on peut dire que ce sont de nouvelles créatures vierges.

Il subsiste tout de même une question qui brûle dans votre cœur : comment savoir qu'un tel ne pèche pas ? *Insensé, comment a-t-on su que Jésus – Christ ne péchait pas ?* Ce n'est point par respect pour lui qu'on dit que Jésus ne péchait pas. La Bible déclare que Jésus a été tenté comme nous en toutes choses, sans commettre de péché (Hébreux 4 : 15). Alors il faut éprouver les pressentis justes pour savoir s'ils ne pèchent pas.

8. CONCLUSION

J'ai montré avec grande exposition que les dîmes, les offrandes, et les sacrifices, sont des choses très saintes que n'importe quel pasteur ne peut être autorisé à toucher ; seuls les Prêtres établis par Dieu lui -même ont le droit d'en disposer et d'en jouir.

J'ai également dit qu'un Prêtre est un grand Monsieur dans la chrétienté. Grand non pas parce qu'il roule dans une puissante limousine, ou qu'il prend de grands repas dans les grands restaurants, ou que sa femme a une garde-robe bien fournie mais parce qu'il ne pèche pas. Alléluia !

Cet écrit entend sauver les Pasteurs et les fidèles qui risquent leur vie à cause des dîmes et des offrandes. En effet, un Pasteur qui reçoit les dîmes et les offrandes indignement viole les droits du sanctuaire et s'expose à la mort éternelle. Il aura certainement amélioré les conditions d'existence de sa femme et de ses enfants dans cette vie, mais finalement ils seront jetés dans le feu éternel.

Les fidèles quant à eux, doivent user de discernement avant de donner les dîmes et les offrandes. Car Dieu n'agrée pas celui qui donne les choses saintes à n'importe qui[1]. Beaucoup de gens que nous avons rencontrés, disent ceci : « Cela importe peu de savoir qui reçoit mes dîmes et mes offrandes et quel usage il en fait. L'essentiel pour moi est de faire la volonté de Dieu en payant mes dîmes et en présentant mes offrandes. Si celui qui les reçoit n'en est pas digne, c'est son problème avec son Dieu, moi je suis quitte ». Peut – être vous êtes de leur avis.

Mais j'aimerais attirer votre attention sur une chose. L'homme, en effet, sera justifié par ses offrandes, tout comme il sera condamné par elles. Telle n'est pas mon opinion personnelle, mais celle du Fils de Dieu qui déclare ce qui suit : Ne donnez pas les choses saintes aux chiens, et ne jetez pas vos perles devant les pourceaux, de peur qu'ils ne les foulent aux pieds, ne se retournent et ne vous déchirent. (Mat. 7 : 6).

Dans cette écriture, les choses saintes sont les dîmes et les offrandes présentées à Dieu. Les perles symbolisent tout objet de valeur qu'on peut offrir en dehors des dîmes et des offrandes. Les chiens sont les personnes

---

[1] Esaïe 18 :7 indique clairement à qui il faut donner les saintes offrandes: « En ces temps-là, des offrandes seront apportées à l'Eternel des armées par le peuple fort et vigoureux ... Elles seront apportées là où réside le nom de l'Eternel des armées, sur la montagne de Sion ».
Cette écriture désigne l'Eglise de Philadelphie (Apo 3 :7-12) ou les 144.000 serviteurs de Dieu, pour ce qui est de l'époque de la moisson, qui est la fin du monde, comme destinataires des saintes offrandes.

lâches et abominables, **qui aboient alors que la caravane des péchés passe**, tandis que les pourceaux typifient les gens qui clament tout haut leur nouvelle naissance, mais qui retombent toujours dans le péché (2 Pi. 2 : 22, Apo. 22 : 15).

Vous ne devez pas donner vos dîmes et vos offrandes aux Pasteurs qui sont comme des chiens et des pourceaux. Vous ne devez même pas leur donner d'autres choses de valeur qui ne sont ni dîmes ni saintes offrandes. Si vous continuez à leur donner les choses saintes et les biens de valeur, vous perdrez votre salut à cause d'eux.

Ne donnez pas par esprit de fanatisme, car certains continueront à donner les choses saintes et les objets de valeur à certains Pasteurs tout en sachant qu'ils ne le méritent pas. Si vous le faites, la parole de Dieu vous dit que vous nuisez à votre âme.

Nous saisissons cette occasion pour demander aux pouvoirs civils de tous les pays du monde d'ouvrir l'œil et le bon afin de démasquer les voleurs des dîmes et offrandes, et de les mettre hors du jeu.

Les Autorités politiques doivent savoir qu'un pays où les pasteurs enseignent pour un salaire, les prophètes prédisent pour de l'argent, court au devant de la ruine. Il importe donc que les pouvoirs publics prennent des mesures appropriées pour sécuriser leurs pays et leurs populations.

Des poursuites judiciaires devraient être ouvertes à l'encontre de tous les Pasteurs qui accaparent les dîmes et les offrandes sans en avoir la qualité.

L'Etat a le devoir d'intervenir dans le domaine religieux car c'est lui qui favorise la prolifération des sectes en proclamant la liberté de religion et en octroyant des permis de culte sur base des critères très charnels tels que le diplôme, l'argent, le nombre d'adeptes et les œuvres sociales.

Les Etats les plus menacés par la ruine sont ceux qui hébergent le plus grand nombre de sectes religieuses. D'après une étude, la République Démocratique du Congo vient en tête du peloton avec **600.000 sectes chrétiennes**.

Toutes ces sectes font de la religion un business tout en osant s'appuyer sur Dieu. C'est la raison pour laquelle les maux s'accumulent sur le Congo Démocratique : insécurité croissante, misère, famines, maladies, sida, catastrophes, guerres, viols, massacres, pillages, hausses exagérées des prix, pauvreté, chômage, pénuries alimentaires, de pétrole, d'eau potable et d'électricité…

Si les Autorités de Kinshasa veulent gagner la guerre actuelle et voir la paix retourner rapidement dans le pays, elles doivent cesser d'écouter, de collaborer avec, et de compter sur les sectes religieuses.

L'Etat congolais doit savoir que les prières adressées à Dieu par ces sectes en vue du retour de la paix ne sont pas et ne seront pas exaucées parce que ces sectes sont divisées les unes contre les autres, corrompent le pays, et qu'elles font de la religion un business.

C'est en vain qu'elles multiplieront les prières, les jeûnes, les louanges, les processions et les sit-in. Jéhovah n'est pas de leur côté.

Vous voyez bien que malgré leurs prières, la guerre fait toujours rage, les viols de la jeune fille et de la femme, les massacres des populations et les pillages des richesses du pays se poursuivent ; les catastrophes sont là, le coût de la vie augmente et les pénuries des denrées de première nécessité s'aggravent.

Nous conseillons donc à l'Etat Congolais de haïr ces sectes, d'en interdire les activités, de les dépouiller, et de les consumer par le feu. Dans le cas contraire, le pays continuera à être labouré comme un champ, et la guerre actuelle aboutira à une balkanisation précoce, douloureuse et sanglante du Congo.

Appendice 1

FIN DE LA GRACE - EVANGILE ETERNEL
INVESTITURE RECENTE DE JESUS-CHRIST

Nous reproduisons ci-après, in extenso, à titre de rediffusion, afin que nul ne prétexte l'ignorer, le dernier message du Dieu Très-Haut à l'humanité, publié par le dernier des prophètes de Dieu, KAMANGO SELEMANI SHETA-SHETA, message portant sur la venue, en date du 03/05/1983, du jugement et du règne de Dieu, et destiné à toutes les tribus du monde. Conformément à la parole de Jésus-Christ consignée en Mathieu 10 : 27, celui qui reçoit ce message est tenu de le prêcher aux autres sans en attendre un enseignement musclé et élaboré.

En voici la teneur :

Jésus-Christ est monté au ciel pour y être investi de royauté et revenir ensuite (Luc 19 :12). Mais auparavant ce Prêtre-roi devait exercer la fonction de Souverain sacrificateur, comparaissant devant Jéhovah Dieu, avec son sang, et plaidant, tel un avocat en faveur de chaque personne (Hé 9 :24).

En d'autres termes, depuis qu'il est monté au ciel Jésus assumait la dispensation de la grâce de Dieu qui maintenant vient d'arriver à son terme.

Aussi, Dieu, le Père, par l'entremise du tribunal céleste, vient-il de déclarer digne d'entrer dans son règne ce Jésus de Nazareth qui mourut sur la croix voici bientôt 2000 ans.

Ceci accomplit les prédictions de Daniel (7 :9-14) et Jean (Apocalypse 5 :1-12). En vérité, il était prévu qu'un jour le tribunal céleste siégerait avec comme juges les vingt-quatre vieillards et les quatre animaux vivants, Dieu le Père étant le juge suprême (Apocalypse 4 et 5 ; Dan 7 :9-10).

Ce tribunal était chargé d'examiner la cause de Jésus-Christ pour apprécier ses prestations en tant que rédempteur de l'humanité et sa dignité pour ceindre le diadème de Roi des rois et Seigneur des seigneurs.

Sachez-le donc, le Souverain tribunal a siégé et rendu le verdict suivant : « Voici, le Lion de la tribu de Juda, le rejeton de David, a vaincu pour ouvrir le livre et ses sept sceaux … Tu es digne de prendre le livre et d'en ouvrir les sceaux ; car tu as été immolé, et tu as racheté pour Dieu par ton sang des hommes de toute tribu, de toute langue, de tout peuple, et de toute nation ; tu as fait d'eux un royaume et des sacrificateurs pour notre Dieu, et ils régneront sur la terre (Apocalypse 5 : 5, 9, 10). »

Ensuite tous les Anges qui assistaient à cette merveilleuse audience proclamèrent tout haut : l'Agneau qui a été immolé est digne de recevoir la puissance, la richesse, la sagesse, la force, l'honneur, la gloire et la louange (Apocalypse 5 :12).

Alors Dieu le Père, en sa qualité de Juge Suprême (Hébreux 12 :23), entièrement satisfait des prestations de celui qu'il appelle « mon Fils bien-aimé » couronna la cérémonie en conférant à Jésus-Christ la domination, la gloire et le règne, et en ordonnant que « tous les peuples, les nations et les hommes de toutes les langues le servent ».

Cet événement s'est passé en 1983. Cette année-là, le troisième jour du mois de mai, Jésus-Christ, une fois investi de royauté, me communiqua la bonne nouvelle de son intronisation. Alléluia !

L'évangile éternel mentionné en Apocalypse 14 :6-7 fait immédiatement suite au compte-rendu du tribunal céleste et annonce la bonne nouvelle de l'investiture récente du Fils de Dieu, notre Seigneur et Roi Jésus-Christ.

Cet évangile est le moyen divin par lequel l'humanité est informée de la sentence déclarant Jésus digne de gloire et de royauté. C'est grâce à l'évangile éternel que l'humanité est associée à cette apothéose cosmique.

En annonçant la venue du jugement, le messager de l'Evangile Eternel veut attirer l'attention de l'humanité sur le changement intervenu dans l'œuvre de Dieu : C'est que Jésus-Christ vient de quitter le fauteuil de la prêtrise pour occuper celui de la royauté.

Autrement dit, l'œuvre de la grâce est absolument terminée, voici, celle de la vengeance commence.

L'évangile éternel me confié en mai 1983 inaugure donc l'ère de la vengeance et marque la fin de la dispensation de la grâce. Tous ceux qui se sont « convertis » après cette date doivent savoir que leur « conversion » est nulle et de nul effet, la porte de la grâce de Dieu étant désormais close.

A dater de mai 1983 seule, alors seule, la proclamation de l'évangile éternel exprime pleinement la volonté de Jéhovah et de Jésus, définit la

véritable Eglise et établit le nouveau critère de communion avec le Christ intronisé et de l'intégrité de la foi.

En conséquence, tous ceux qui rejetteront l'évangile éternel démontreront de ce fait leur asservissement mentalo-spirituel, et **joindront les rangs de l'apostasie évoquée en 2 Th 2 :3.**

Evénement unique dans le cosmos, l'investiture du Seigneur Jésus ne va pas sans s'accompagner de signes visibles.

La Bible autorise d'en citer quatre qui sont :

1. Le terrorisme ;

2. La crise économique ;   3.La famine, et

4. Les maladies.

L'accomplissement de ces signes selon l'écriture sainte, est à considérer comme témoignage de l'intronisation de Jésus car aucun d'eux ne peut se réaliser sans cette dernière.

Je me bornerai à dire quelques mots sur le terrorisme et la crise économique. En revanche, la famine et les maladies étant des signes controversés dans les prévisions du retour du Christ en raison de leur fréquence dans l'histoire des nations, seront laissées de côté.

Quoi qu'il en soit, la Bible déclare que l'investiture de Jésus de l'autorité royale appelle le terrorisme cosmique, le pillage des économies des pays pauvres par les grandes puissances militaires, la famine et l'accroissement de la mortalité (Apocalypse 6 :3-8).

Et d'abord le terrorisme !

A l'heure qu'il est, le terrorisme à l'échelle universelle n'a plus besoin de démonstration. Tous les habitants de notre planète rendent l'âme de terreur (Luc 21 :26). Aucune nation n'est à l'abri de ce fléau qui est destiné à enlever la paix de la terre, afin que les hommes s'égorgent les uns les autres (Apocalypse 6 :4). Je dis qu'aucune nation n'est épargnée par cette puissance des ténèbres car, un bateau, une auto, un avion, qui explosent sous l'effet d'une bombe piégée, ou encore une bibliothèque, un hôtel, une salle de spectacle, qui sautent, ne sont rien de moins que des collectivités multinationales.

Si les années 80 en général ont salué le terrorisme, nous conviendrons que c'est surtout les années 1984-1986 qui ont accouché du terrorisme international. Ce mouvement criminel atteindra son apogée en Avril 1986 en jetant dans la peur et l'insécurité la plus grande puissance même du monde, j'ai cité les Etats-Unis d'Amérique. Quel défi !

L'histoire n'oubliera jamais les hostilités américano-libyennes issues du terrorisme.

Pourquoi les années 84-86 sont-elles empreintes de terrorisme ? Parce que Jésus-Christ, le Roi de la paix, vient d'être investi de royauté en 1983 mettant ipso facto un terme à l'administration de la paix, **et libérant le train de l'évangile du jugement.**

Selon la parole de Dieu, le terrorisme est destiné à peindre l'époque où Jésus reçoit la royauté en manifestation. De sorte que la prédication de l'évangile éternel soit reconnue comme une entreprise divine et rencontre la foi sur la terre (Luc 18 :7, 8).

Un autre signe consécutif à l'avènement du Christ à la royauté est la dégradation économique. Je laisse aux économistes le soin d'avancer des dates et des chiffres savants en matière de dégradation économique au plan international. Ce qui intéresse notre étude, c'est la manière dont la Bible voit venir cette plaie sociale : « Et j'entendis au milieu des quatre êtres vivants une voix qui disait : une mesure de blé pour un denier, et trois mesures d'orge pour un denier » (Apocalypse 6 :6). En accomplissement de cette écriture, le pillage des économies des uns par les autres s'érige en système irréversible.

Les pays pauvres militairement sont frustrés par les grandes puissances qui disposent librement de leurs économies. Terrifiés, les premiers croient n'avoir pas le droit de s'opposer aux caprices de ces derniers.

En mentionnant « une mesure de blé pour un denier et trois mesures d'orge pour un denier », la Bible rappelle la ruine antique des syriens par Israël alors une grande puissance militaire (2 R 7 :6, 7, 16), et trahit en même temps le dépouillement des économies des nations déshéritées par les pays nantis.

Cette grande vérité liée à l'investiture de Jésus-Christ trouve son plein accomplissement dans le surendettement des pays du tiers monde. Les relations entre pays du nord et ceux du sud sont aujourd'hui ce que furent autrefois celles entre Israël et la Syrie respectivement.

Les pays du nord ont poussé ceux du sud à se dépouiller, en livrant d'énormes quantités de matières premières moyennant une quantité infinitésimale d'unités de compte. Ce qui est de donner trois mesures d'orge pour un denier.

La récession économique n'a jamais été au centre de l'actualité internationale comme elle l'est depuis 1984.

Une telle crise n'est pas le fait du hasard. Elle est plutôt provoquée par l'investiture du Fils de Dieu.

Ainsi donc, la naissance et l'escalade du terrorisme, la crise économique, l'éclosion des maladies quasi incurables comme le SIDA, l'accroissement de la mortalité et la persistance de la famine ces **trois dernières années** accomplissent les 2e, 3e et 4e sceaux décrits en Apocalypse chapitre six versets 3 à 8 et dont l'ouverture était subordonnée à l'intronisation du Seigneur Jésus.

Jésus-Christ s'est levé. Il va bientôt exécuter le vaste programme du jugement jusqu'à ce que toutes puissances, autorités, et dominations lui soient soumises (1 Co 15 :24-28).

Parmi ces dernières nous pouvons citer :

1) Les puissances angéliques : Satan et ses suppôts ;
2) La mort, la maladie, la souffrance, la misère, la famine ;
3) Les puissances politiques et militaires ;
4) Les puissances religieuses : toutes organisations religieuses confondues.

Nous voici parvenus à la dernière étape de l'œuvre du Christ et des systèmes de ce monde. Je voudrais, pour clore cette communication, répondre avec précision à la question suivante : **Que faut-il faire pour échapper à la colère de Dieu et de l'Agneau ?** Il faut faire partie de l'Eglise du Christ. Ceci appelle une sous-question : où est l'Eglise du Christ ? Selon la parabole de l'ivraie, aucune des dénominations chrétiennes ne mérite d'être proprement appelée Eglise du Christ. Et pour cause, la coexistence en leur sein de deux types de croyants :

Les vrais enfants de Dieu représentés par le blé, et les sujets du diable préfigurés par l'ivraie (Mt 13 :24-43).

En vertu de la parabole précitée, l'enfantement de la vraie Eglise aurait lieu à l'époque de la moisson.

A cette époque, Jésus enverrait des hommes pour séparer les enfants de Dieu d'avec ceux de Satan (Mt 13 :39-42 ; Jn 4 :38).

Notez soigneusement que Dieu a prévu deux séparations. La première est opérée par les hommes lors de la moisson (Jn 4 :38 ; Mt 13 :39).

La seconde a lieu plus tard, au renouvellement de toutes choses. Jésus lui-même procédera à cette nouvelle séparation tandis que les élus auront déjà été enlevés et installés sur des trônes (Mt 19 :28 ; Mt 25 :31-34, 41 ; Apo 12 : 5-6, 13-14 & Apo 19 :11-21 : on y voit, d'un côté, les fils de Dieu, et de l'autre, les enfants de Satan séparés par Jésus-Christ).

Toutes les œuvres antérieures ayant entraîné des ruptures entre les croyants étaient des entreprises humaines. Jésus n'en est pas responsable, parce qu'il s'est opposé aux séparations pour quelque motif que ce soit avant la moisson (Mt : 13 :27-30).

Le Protestantisme avec ses mille et une ramifications, y compris l'Association Les Témoins de Jéhovah, ne méritent pas d'être appelés Eglise du Christ. Ce sont des sectes, des filles de l'Eglise Catholique romaine. **En provoquant des séparations avant la moisson, les leaders chrétiens se sont rendus coupables de désobéissance à la parole du Seigneur disant de laisser croître ensemble le vrai et le faux. Tous les protestants ont hérité ce péché comme nous avons tous hérité le péché d'Adam et Eve.**

La seule façon d'être affranchi de ce péché, c'est de se repentir d'être protestant en faisant partie des moissonneurs.

L'époque de la moisson évoquée ci-dessus est celle de l'investiture de Jésus. Elle est présidée par l'Evangile Eternel qui a reçu mandat de préparer la moisson (Apocalypse 14 :15, 16).

La vraie Eglise qui échappera à la colère de Dieu et de l'Agneau est l'ensemble des chrétiens qui quitteront les dénominations et se joindront au message de l'Evangile Eternel. En croyant et en s'employant à diffuser ce message, ils seront un seul esprit avec le Christ intronisé. De sorte que les disciples de l'Evangile Eternel formeront une Eglise bâtie sur la révélation de Jésus (Voir Mt 16 :16-18) **en contraste avec toutes autres organisations chrétiennes fondées sur le sang ou la dissidence.**

Si quelqu'un vous aborde avec l'évangile de grâce et vous dit de quitter une dénomination pour une autre, ne le recevez pas. Ce n'est pas un moissonneur. **Vous reconnaîtrez les moissonneurs par l'Evangile Eternel enseignant la fin de la grâce pour l'ivraie.** Les deux évangiles sont tout à fait différents.

Leur différence est tout aussi critique que l'est celle entre la croix et le trône. **La bonne nouvelle de grâce est fondée sur l'élévation de**

Jésus sur la croix tandis que sa récente intronisation sert de fondement à la bonne nouvelle éternelle.

Sortez de toutes les dénominations, allez à la rencontre du Christ intronisé.

C'est en persévérant dans le témoignage de l'évangile éternel que nous régnerons avec lui ; si nous le renions lui aussi nous reniera (2 Tim 2 :12).

K. S. SHETA-SHETA,
MISSION D'EVANGILE ETERNEL
B. P. 1254 – LUBUMBASHI
Le 15 Août 1986

C'est donc l'intronisation du Seigneur Jésus qui a déclenché les crises et fléaux qui frappent la terre depuis 1983. Pour apaiser cette colère de Dieu, tous les Chefs d'Etat du monde doivent reconnaître Jésus-Christ comme leur Roi, lui prêter allégeance publiquement, et rendre le pouvoir aux saints du Très Haut, afin que ceux-ci restaurent le royaume de Dieu dans les tribus de leurs pères.

Fait à Lubumbashi, le 15 Août 2021
K. S. Sheta – Sheta
Messager de l'Evangile éternel

Appendice 2

DIALOGUE INTER-CHRETIENS

J'ai un rêve que je voudrais partager avec tous les chrétiens du monde. Mon rêve, c'est de vaincre les divisions dans l'Eglise de Dieu, de pacifier, de rassembler, d'unifier, de souder, de cimenter les chrétiens en vue d'un combat qui se profile à l'horizon.

Les chrétiens, en effet, ont une tâche commune à exécuter à la fin du monde. Cette tâche consiste à combattre aux côtés du Seigneur Jésus - Christ, un ennemi pluriel appelé symboliquement la bête, l'image de la bête, la marque de la bête, le nom et le nombre de la bête, les dix cornes, la bête à deux cornes semblables à celles d'un agneau, Babylone la grande, etc.

Ce combat commun à tous les chrétiens ressort des écritures saintes ci-après :

- *Apocalypse 17 :12-14 :*

Les dix cornes que tu as vues sont dix rois, qui n'ont pas encore reçu de royaume, mais qui reçoivent autorité comme rois pendant une heure avec la bête (…).
*Ils combattront contre l'agneau, et l'agneau les vaincra, parce qu'il est le Seigneur des seigneurs et le Roi des rois, et les **appelés**, les **élus** et les **fidèles** qui sont avec lui les vaincront aussi.*

- *Apocalypse 18 :4-6 :*

Et j'entendis du ciel une autre voix qui disait : sortez du milieu d'elle, mon peuple, afin que vous ne participiez point à ses péchés, et que vous n'ayez point de part à ses fléaux (…).

Payez-la comme elle a payé, et rendez-lui au double selon ses œuvres. Dans la coupe où elle a versé, versez-lui au double.

Les écritures ci-dessus montrent clairement que les chrétiens ont une tâche commune leur assignée par Dieu. Cette tâche consiste à combattre contre la bête et Babylone la grande plus leurs alliés.

Vous l'avez relevé de vous-même, il existe une unité satanique, qui se construit autour de la bête symbolique. Malgré leur nombre et leur diversité, les dix cornes symboliques, soit dix nations, sont unies pour combattre contre l'agneau, qui est Jésus-Christ. Ces nations unies, faut-il le souligner davantage, ont pour ennemi commun Jésus-Christ, et elles ont un même dessein, celui de combattre contre Jésus. Pour cela elles se sont choisi un leader commun, en l'occurrence la bête symbolique à laquelle elles donnent leur puissance et leur autorité afin de vaincre l'agneau de Dieu.

Il n'en est pas ainsi des chrétiens qui se livrent à des luttes intestines. Les chrétiens sont très divisés, ils n'ont pas un même dessein, et ils se considèrent comme ennemis les uns des autres, au point de se battre pou gagner des adeptes.

Les chrétiens sont davantage divisés sur l'identité de leur ennemi commun. Chaque chrétien, ou pour ne pas exagérer, chaque dénomination chrétienne, a sa bête, son image de la bête, sa marque de la bête, son nom et son nombre de la bête, ses dix cornes, sa bête à deux cornes semblables à celles d'un agneau, sa Babylone la grande, etc.

Le danger de tout cela c'est quoi ? Plusieurs vont se battre contre le vent, c'est-à-dire contre la fausse bête, contre la fausse Babylone la grande, contre la fausse image de la bête, contre la fausse marque de la bête, contre la fausse bête à deux cornes semblables à celles d'un agneau, contre les dix fausses cornes, tout en prétendant ou espérant épauler Jésus-Christ dans son combat. Ainsi il y en a qui se feront tuer pour rien tout en espérant mourir en martyrs. Et Jésus leur dira à la fin :

« *Retirez-vous de moi, vous qui adoriez la bête et son image et qui aviez reçu sa marque ; car je ne vous ai jamais vu à mes côtés quand je luttais contre la bête et son image, et les dix cornes, et la bête qui a deux cornes semblables à celles d'un agneau. Allez dans le feu éternel qui a été préparé pour le diable et pour ses adeptes.* »

Pour préserver les chrétiens de la mort éternelle, il faut commencer par mettre fin à cette cacophonie avant de faire la guerre au véritable ennemi de Dieu. Car il y a à craindre que les chrétiens se tirent dessus tout en se vantant d'épauler l'agneau dans ses prises avec la bête et consorts.

Or le 10 juin 1982, Dieu m'a instruit de vaincre les divisions qui dressent les chrétiens les uns contre les autres, qui opposent les chrétiens les uns aux autres, qui déchirent l'Eglise de Dieu, qui ternissent l'image de marque du christianisme, et qui ne font que profiter à leurs ennemis communs. Et Dieu me parla ainsi : « Vous êtes le correspondant le plus éloigné de l'église de Philadelphie. Dieu vous envoie deux types de prophéties : une grande prophétie et une petite prophétie. Vous devez vaincre les divisions dans l'Eglise du Seigneur et œuvrer pour son unité. Ne soyez pas orgueilleux, soyez sobre et intègre ».

Moins d'un an plus tard, le 03 mai 1983 précisément, Dieu m'a accordé une nouvelle vision disant que l'heure est venue de détruire la bête et Babylone la grande. Et aux termes de cette vision Dieu m'a établi prédicateur de l'Evangile éternel mentionné en Apocalypse 14 :6-7. Dieu m'a chargé de publier la loi mettant un terme aux temps des nations, et proclamant Jésus-Christ Roi des rois et Seigneur des seigneurs, avec mission de renverser tous les royaumes de Satan blis sur la terre, afin d'y établir le Royaume de Dieu.

En vertu de ces deux visions, j'estime que j'ai le devoir et le droit de connaitre les différends, les désaccords des chrétiens, leurs divisions, leurs mésententes, sur quoi ils s'opposent, et chercher ensemble les voies et moyens de les transcender, afin de parvenir à l'unité de la foi et de la connaissance, et de combattre notre ennemi commun. Car l'état final de l'Eglise doit être identique à son état initial. Au commencement la multitude de ceux qui avaient cru n'était qu'un cœur et qu'une âme. Nul ne disait que ses biens lui appartinssent en propre, mais tout était commun entre eux (Actes 4 :32 ; 1 Co 12 :12-28, Jean17 :10, 20-21, 22-23). Il faut qu'il en soit ainsi à la fin. Un tel mandat est prévu en Mt 24 :45-47.

De 1982 à ce jour, la situation de l'église n'a guère changé. Aujourd'hui les chrétiens sont plus divisés qu'hier, au point qu'ils mangent et boivent avec les païens mais qu'ils se mettent à battre d'autres chrétiens, les haïssent à mort, les méprisent, refusent de prier avec eux et n'osent même pas mettre leurs pieds dans leurs salles de prières, même si ces salles sont situées à proximité de la leur.

C'est donc sur l'ordre de Dieu que j'ai initié le dialogue interchrétiens à ne pas confondre avec le dialogue interreligieux. Car pour Dieu, il ne s'agit pas d'unir les religions du monde, il y a une seule vraie religion de Dieu qui est divisée, c'est le christianisme.

Les autres religions appartiennent à Satan (Apo 2 :9 ; Apo 3 :9 ; 1Jn 3 : 8). Qu'elles soient unies ou divisées cela nous importe peu.

Comment allons-nous procéder ?
Les chrétiens doivent s'unir, oublier leurs anciennes querelles et se mettre en ordre de bataille, former un front commun pour affronter leur ennemi commun. Il faut donc que les chrétiens se rapprochent, se rencontrent, se parlent, taisent leurs divergences. Il faut que les chrétiens parviennent à l'unité de la foi et de la connaissance pour faire face à leur ennemi commun et pluriel. On peut suggérer cinq étapes ci-après pour parvenir à cette unité.

PREMIERE ETAPE: COLLECTE DES DONNEES

Avant toute chose, il faut recueillir les informations sur l'ennemi commun et pluriel, appelé la bête et consorts. Il sera question ici d'enregistrer fidèlement ce que chaque dénomination chrétienne sait de la bête, de l'image de la bête, de la marque de la bête, du nom et du nombre de la bête, des dix cornes, de la bête à deux cornes semblables à celles d'un agneau, des temps et de la loi que la bête espérera changer, des 2300 soirs et matins, des 1290 jours, des 1335 jours, de la femme enceinte enveloppée du soleil, du petit livre et de Babylone la grande, sans négliger les autres choses.

Il y a lieu de remarquer que le mouvement œcuménique n'a jamais abordé de telles questions. Aussi les différentes parties au dialogue interreligieux ne sont point parvenues à l'unité. Elles se contentent de manger, de boire et de prier ensemble chacun dorlotant ses mensonges, ses monstruosités, ses blasphèmes, ses hérésies et ses abominations.

DEUXIEME ETAPE: DEBAT SUR LES DONNEES

Cette étape consiste à organiser un dialogue franc, sincère et courageux entre chrétiens de différentes dénominations en vue de redresser les erreurs doctrinales concernant essentiellement le mystère de la bête et consorts, et cimenter les élus, les fidèles et les appelés de Dieu par une foi vivante et une connaissance parfaite de la vérité. Chaque chrétien aura le loisir d'exposer son interprétation en précisant sa source et ses preuves. Par source nous entendons la Bible, un saint prophète, l'Esprit saint, ou le prophète de la fin (1 Co 13 :9), car Apo 10 :5-7 dit que le mystère de Dieu s'accomplira conformément aux déclarations des prophètes de Dieu. Ensuite on examinera toutes choses à la loupe, avec rigueur, patience et charité.

TROSIEME ETAPE : DECLARATION COMMUNE

Cette déclaration porte sur l'identité de la bête et alliés dégagée du dialogue entre chrétiens et qui sera publiée dans le monde entier comme l'unique vérité.
Quiconque essaiera de jeter par terre cette vérité sera considéré comme ennemi de Dieu et de son peuple, et sera traité comme tel.

QUATRIEME ETAPE: VULGARISATION DE LA LOI DE DIEU

Après avoir identifié la bête et avant de la combattre, les chrétiens parvenus à l'unité de la foi et de la connaissance doivent vulgariser la loi de Dieu portant révocation des temps du règne de la bête, et proclamant Jésus-Christ Seigneur des seigneurs et Roi des rois. Cette loi est immuable et sa teneur irrévocable. Tous les habitants de la terre doivent se rallier à cette loi. Quiconque violera cette loi sera jeté dans l'étang de feu et de soufre qui est la seconde mort. Or la bête espérera changer ces temps et cette loi. Elle va donc se substituer au Très-Haut, qui seul change les temps et les circonstances (Dan 2 :21).
Pour cela elle sera combattue par les saints du Très-Haut.

CINQUIEME ETAPE: COMBAT CONTRE LA BETE

Il s'agit ici d'organiser la résistance des saints en vue de défendre la théocratie chrétienne et de fonder un nouveau régime politique, économique et social gouverné par les lois et les autorités venant de Dieu exclusivement.

L'heure a sonné **de bâtir l'unité du corps de Christ** en vue de la tâche commune dévoilée dans le présent tract. Chaque élu, chaque fidèle et chaque appelé est invité à apporter sa pierre à l'édification du corps de Christ.

2ème édition revue et actualisée, *à Lubumbashi, le 21 / 01/ 2019*

Première édition : le 03 juin 2011

Appendice 3

L'EGLISE DE L'EVANGILE ETERNEL
LA SEULE VRAIE EGLISE DE DIEU

L'Eglise de l'Evangile éternel n'est pas une église dénominationnelle au même titre que les mille et une autres. Elle est une œuvre à la fois missionnaire et pastorale destinée à rassembler les chrétiens du milieu des dénominations et à réintégrer dans l'alliance chrétienne les Juifs tombés dans l'endurcissement afin de former une corporation, une et multiple, qui soit entièrement une propriété divine, c'est-à-dire le Royaume de Dieu, qui ne comprenne désormais plus rien qui lui soit étranger, homme ou chose qui le tache, le ternit ou l'avilit.

La mission annonce l'investiture de Jésus-Christ intervenue en mai 1983 avec comme corollaire la fin de la grâce pour les païens et la chute spirituelle de toutes les dénominations « chrétiennes ».

Elle affirme que depuis mai 1983, l'humanité pécheresse retrouve sa situation antérieure à l'ère messianique, où elle était divisée spirituellement en deux ensembles : le peuple élu et les païens.

L'Eglise de l'Evangile éternel n'est pas une église comme les autres, pour plusieurs raisons. Premièrement, toutes les églises existantes sont nées de l'ère de la **grâce** pour accomplir le premier volet de la mission du Christ décrite en Esaïe 61 :1-2. Il n'en est pas ainsi de l'Eglise de l'Evangile éternel. Celle-ci est née du **jugement** de Dieu **prédit** en Daniel 7 :9 – 12, Esaïe 13 :6-9, Actes 17 :30-31, Malachie 4 :1-3, et en Apocalypse 14 :6-7 notamment, **intervenu** le 03 mai 1983 pour accomplir le second volet de la mission précitée. Raison pour laquelle elle proclame **non pas la venue de la grâce** de Dieu, mais **la venue du jugement** de Dieu pour détruire l'église catholique romaine et toutes les sectes chrétiennes ainsi que les royaumes de Satan qui font l'impudicité avec elles. Car les premières représentent Babylone la grande et ses filles prostituées, les seconds la Bête et son image[2]. **Telle est une différence de taille.**

Ensuite, toutes les églises existantes sans exception font **l'apologie du péché**, disant qu'il n'y a point de juste sur la terre. Elles ignorent que la propriété principale de la vraie religion c'est la sainteté. L'Eglise de l'Evangile éternel, quant à elle, atteste et prêche que les portes du séjour des morts, que sont les péchés, ne prévaudront point contre l'Eglise de Jésus. C'est à cela que se reconnaît la vraie église, que ce soit celle de la grâce ou celle du jugement. En d'autres mots**, une personne née de nouveau ne peut plus pécher**[3]. Et si elle pèche, elle ne peut plus être renouvelée et amenée à la

---

[2] Apocalypse 14:6-11.
[3] Matthieu 16 :18 ; 1 Jean 3 :8-9.

repentance[4]. Celui qui ne sait pas que Jésus a produit des justes n'a qu'à lire les passages suivants pour son édification[5].

En plus, l'Eglise de l'Evangile éternel et les milliers d'autres de la chrétienté n'ont pas la même **finalité.** La finalité de l'Eglise de l'Evangile éternel c'est le **royaume de Dieu**[6]. En revanche, la finalité des autres églises **c'est gagner le monde**, tant pis que leurs âmes soient perdues[7]. Aussi leurs sermons sont-ils centrés sur la **prospérité matérielle et les miracles**.

Enfin, toutes les églises chrétiennes nées de la grâce prêchent des messages périmés, passagers, partiels et flous comme l'a dit l'Apôtre Paul[8]. Il n'en est pas ainsi de **l'Eglise de l'Evangile éternel.** Elle prêche un message actuel, parfait et éternel, en l'occurrence **l'Evangile éternel**, qui est le dernier message de l'Eternel Dieu à l'humanité, un message phare, définitif, et parfait, qui unira les croyants, les purifiera et les mettra en possession du royaume de Dieu[9].

L'Eglise de l'Evangile éternel n'est donc pas une église de trop qui serait venue se juxtaposer aux innombrables autres qui trafiquent de fidèles, faisant ainsi de la religion chrétienne un business. **Elle est la seule vraie Eglise** qui devait paraître à la fin du monde **pour proclamer l'intronisation du Fils de Dieu, Jésus-Christ**, et rassembler tous les fils de Dieu divisés par des sectes, en vue du rétablissement du règne de Dieu sur la terre.

La vraie église est celle qui n'est pas née de la volonté d'un homme, ni d'une dissidence, mais de la volonté de Dieu. En plus elle doit être fondée sur une sainte personne incapable de pécher, et pouvoir résister aux **portes du séjour des morts que sont les péchés**[10]. **L'Eglise de l'Evangile Eternel** satisfait toutes ces conditions. En effet, personne au monde ne peut dire que son fondateur est un dissident d'une église quelconque. Ensuite, son fondateur n'a pas décidé de son propre chef de bâtir une église comme font plusieurs personnes qui, par manque de gagne-pain, se lancent dans la profession pastorale pour vivre indûment des dîmes, offrandes et autres redevances dues aux sacrificateurs du vrai Dieu.

---

[4] Hébreux 6 :4-6 ; 10 :26.
[5] Matthieu 13 :43 ; 25 :37 ; Hébreux 12 :23 ; Apocalypse 7 :9-15 ; 14 :1-5 ; 19 :7- 8.
[6] Matthieu 5 : 3 ; Matthieu 6 : 33 ; Actes 26 :15-18.
[7] Marc 8 :36-37.
[8] 1 Corinthiens 13 :8-12.
[9] Apocalypse 14 :6-7.
[10] Mt 16 : 18.

SA PREHISTOIRE

Voici brièvement la préhistoire de l'Eglise de l'Evangile éternel.

1. Le choix de son fondateur

Début 1981, le Fils de l'homme, Jésus-Christ, apparaît à **Sheta-Sheta**, venant du ciel comme un éclair. Ce dernier tombe à ses pieds comme mort. Jésus le saisit à l'épaule droite, l'aide à se tenir debout et lui fait une offre d'emploi, en disant : « Prends ce chemin, lui dit-il, en le lui indiquant de la main, va, et tu feras mon travail. » Des livres lui sont donnés et aussitôt il s'engage dans la voie ainsi indiquée.

2. Le baptême de feu et d'Esprit

Le 11 février 1981, Dieu le baptise du Saint-Esprit. « Reçois le Saint-Esprit, lui dit le Seigneur. » Aussitôt le ciel s'ouvre et il voit l'Esprit descendre sous la forme d'une colombe et s'arrêter sur lui. La scène se répète trois fois la même nuit.

Le 14 du même mois, soit trois jours après, il est baptisé de feu et d'Esprit en présence de nombreux témoins dont Mugambwa Ngoi, Fondateur de l'église ECASET. Un **feu qui ne consume** pas le couvre des pieds à la tête et **une colonne de lumière** venant du ciel clignote trois fois devant sa face. Et il parle en langue.

3. Prêtre-roi et Grand Prophète

Le 10 juin 1982, Dieu lui fait une promesse exceptionnelle, qui l'établit à la tête de son peuple : « Vous êtes le correspondant le plus éloigné de l'Eglise de Philadelphie, lui dit le Seigneur. Dieu vous envoie deux types de prophéties, une **grande** prophétie et une petite prophétie. Vous devez vaincre les divisions dans l'Eglise du Seigneur et œuvrer pour son unité. Ne soyez pas orgueilleux, soyez sobre et intègre. » Il ressort de ce message que Dieu attribue à Sheta – Sheta les trois qualités cardinales de l'Eglise de Philadelphie à savoir la **prêtrise, la royauté et la divinité**, d'après la signification des trois noms écrits sur chacun des membres de cette église[11]. Outre ces qualités communes à tous les membres du corps de l'Epouse du Christ, Dieu fait de Sheta – Sheta un **grand prophète, et le dernier**. Après lui il n'y aura plus d'autre prophète, car Sheta-Sheta est **le plus éloigné dans le temps** des membres du corps de l'Epouse de l'Agneau[12]. D'autre part, ce message fait de **Sheta-Sheta le rassembleur, l'unificateur, le pacificateur** des disciples de

---

[11] Apocalypse 3 :12.
[12] Apocalypse 3 :12.

Jésus, c'est-à-dire des chrétiens. A tous ces titres, il est qualifié pour fonder une église, en l'occurrence l'Eglise de Dieu de la fin du monde. Car celui qui œuvre pour l'unité de l'Eglise n'est autre que le Berger de cette Eglise. Et ici c'est de **l'Eglise universelle** que Sheta – Sheta est établi Berger.

4. Bâtisseur du Temple de Dieu

Le 24 juin 1982, Dieu le charge de construire son nouveau temple : « Des ruines du temple de Jérusalem détruit par Titus, lui dit l'Eternel, je viens d'élever, sur la même fondation, ce nouveau temple(…) Je n'ai pas autorisé que l'on prie dans ce nouveau temple, jusqu'à ce qu'il y ait des **apôtres pour enseigner la loi**(…) Il faut pour entrer dans le nouveau temple qu'une transformation profonde s'opère dans les cœurs des croyants, une telle transformation que toute la loi soit observée rigoureusement. Il ne sera pas toléré même une minime déviation de la loi comme ce fut le cas pour ceux qui priaient dans l'ancien temple(…) En attendant, c'est là, dans ce vieux temple, qu'ils continuent à prier, jusqu'à ce qu'une transformation s'opère dans leurs cœurs (…) **Cherche des matériaux pour construire mon temple.** » Aux termes de cette vision, Sheta-Sheta est chargé de bâtir l'Eglise universelle de Dieu. Car le temple de Dieu c'est l'Eglise de Dieu[13].

5. Prédicateur d'un Evangile éternel

Dans une vision épouvantable du 03 mai 1983, l'Eternel Dieu lui annonce **la fin de la grâce, l'intronisation de son Fils, Jésus - Christ, la venue du jugement**, la destruction par le feu des royaumes de Satan ainsi que de l'Eglise catholique romaine sans oublier les autres églises de la chrétienté, et **l'établit Prédicateur de l'Evangile éternel.**

« Les temps de la grâce de Dieu sont maintenant terminés, lui dit l'Eternel. Voici, l'heure du jugement de Dieu est venue. Quant à toi, va proclamer désormais l'Evangile éternel en lieu et place de l'évangile de la grâce, **à toute nation, à toute tribu, à toute langue, et à tout peuple.** C'est à cela que tu étais préparé. (…) La vision que tu as reçue sur l'embrasement de la Bête et de Babylone la grande est significative de l'intronisation de Jésus - Christ, qui les jettera dans le feu afin qu'elles soient brûlées éternellement. **L'Evangile éternel** dont tu es établi Prédicateur concerne **l'avènement de Jésus à la royauté universelle et éternelle.**»

6. Détenteur du livre scellé de sept sceaux.

Dans une autre vision, de 1981, le Seigneur Jésus lui est apparu et lui a donné un **petit livre blanc**, en disant : «**Avale-le** ». En l'avalant, il eut l'impression que ce petit livre allait devenir une **source de connaissance** et qu'il allait lui donner la **clairvoyance.** Ce **petit livre** c'est le livre **scellé de**

---
[13] Ephésiens 2 :19-22.

sept sceaux que le Seigneur Jésus a reçu à l'occasion de son couronnement, comme **symbole du pouvoir**, et qu'il devait donner à son tour au plus digne de ses serviteurs pour l'enseigner aux habitants de la terre, à beaucoup de peuples, de nations, de langues, et de rois[14]. Il est à noter que la réception du livre scellé de sept sceaux par un serviteur de Dieu, élève ce serviteur au-dessus de toutes les créatures à l'exception du Christ, tout comme sa réception par Jésus l'a élevé au-dessus de toutes les créatures tant celles qui sont dans les cieux, sur la terre, sur la mer, que sous la terre[15]. C'est donc lui, Sheta – Sheta, que son maître, Jésus - Christ, a établi sur ses gens pour leur donner la nourriture au temps convenable[16]. C'est pour qu'il ne soit pas enflé d'orgueil, à cause de l'excellence de sa vocation, que Dieu lui a prescrit de ne pas être orgueilleux, mais d'être sobre et intègre.

7. Pourquoi Sheta – Sheta ?

Parce que le dernier message de Dieu à l'humanité et son Messager devaient sortir d'un peuple de l'Afrique centrale dont le pays est coupé par des fleuves, un peuple fort, vigoureux, redoutable, et puissant depuis qu'il existe, et qui écrase tout, selon une prophétie d'Esaïe[17]. Ce peuple c'est le peuple SONGE de la RD Congo, dont Sheta – Sheta est ressortissant. Que donc le choix de l'Eternel porte sur lui, il n'y a rien à redire.

Tout ce qui précède achève de prouver que Sheta -Sheta a été choisi par Dieu pour créer l'Eglise de la fin des temps et pour diffuser son dernier message à l'humanité, qui est le message du livre scellé de sept sceaux, autrement appelé petit livre ou l'Evangile éternel.

L'Eglise de l'Evangile éternel est donc la seule vraie église de Dieu qui devait paraître à la fin du monde où nous sommes parvenus.

Tous les croyants qui attendaient le jour de vengeance de Dieu, leur Eglise c'est l'Eglise de l'Evangile éternel[18]. Tous les croyants qui attendaient le dévoilement complet et définitif des paroles de Dieu qui avaient été scellées et tenues secrètes pour le temps de la fin, leur Eglise s'appelle l'Eglise de l'Evangile éternel[19].Tous les croyants qui attendaient l'intronisation de Jésus - Christ, leur Eglise s'appelle l'Eglise de l'Evangile éternel[20]. Tous les croyants qui attendaient la destruction de Babylone la grande et ses filles prostituées,

---

[14] Apocalypse10 :5-11.
[15] Apocalypse 5 :8-13.
[16] Matthieu 24 :45-46.
[17] Esaïe18 :1-7.
[18] Esaïe 13 : 6-13 ; Esaïe 61 :2 ; Esaïe 63 :4 ; Malachie 4 :1-3.
[19] Daniel 12 :4, 7-13 ; 1 Corinthiens 13 :9-10.
[20] Daniel7 :13-14 ; 9 :24 ; Ezéchiel 21 :25-27 ; Luc 1:30-33 ; 19 : 11-12 ; Matthieu 19 :28 ; Apocalypse 5 :1-14.

leur église s'appelle l'Eglise de l'Evangile éternel[21]. Tous les croyants qui ne veulent pas adorer la Bête et son image, ni en recevoir la marque, leur église s'appelle l'Eglise de l'Evangile éternel[22]. Tous les croyants qui attendaient la moisson du monde, leur église s'appelle l'Eglise de l'Evangile éternel. Tous les croyants qui appelaient de tous leurs vœux la vengeance de Dieu, leur Eglise c'est l'Eglise de l'Evangile éternel[23].

Quelle est alors la raison d'être de l'Eglise de l'Evangile éternel? Quels sont ses objectifs ? Quelle est son activité principale ? Nous verrons cela ci-dessous.

I. Finalité

L'Eglise de l'Evangile éternel a pour finalité le rétablissement du royaume de Dieu sur la terre selon le modèle qu'il a révélé à ses serviteurs les prophètes. Selon ce modèle politique, tous les Etats multinationaux seront balkanisés afin d'établir dans chaque tribu du monde un Etat-nation libre et indépendant, totalement relevé de toute allégeance à l'égard d'une puissance quelconque de ce monde, mais placé sous la domination de la couronne chrétienne[24].

II. Objectifs généraux

L'Eglise de l'Evangile éternel poursuit deux objectifs généraux, à savoir :

1. Détruire toutes les églises de la chrétienté et autres religions païennes du monde, en l'occurrence l'islam, le message du graal, le bouddhisme, l'hindouisme, la foi bahaïe, et bien d'autres[25].

2. Renverser tous les royaumes de Satan établis sur la terre[26].

III. Objectif stratégique

Pour atteindre les objectifs lui assignés, et partant la finalité susmentionnée, l'Eglise de l'Evangile éternel a pour objectif stratégique de prophétiser le livre scellé de sept sceaux, appelé « petit livre » ou encore l'Evangile éternel, sur beaucoup de peuples, de tribus, de nations, de langues et de Rois, afin qu'ils sachent que l'heure du jugement de Dieu est venue pour renverser tous les états du monde et les religions qui les soutiennent, et établir

---

[21] Apocalypse 14 :8 ; 17 :5 ; 18 :1-18
[22] Apocalypse 14 :9-12 ; 17 :12-14.
[23] Apocalypse 14 :6-20.
[24] Deutéronome 32 :7-9 ; Esaïe 2 :1-4 ; Luc 16 :16 ; Apocalypse 10 :5-7 ; 11 :15-17.
[25] Apocalypse 14 :8 ; Apocalypse 16 : 19 ; Apocalypse 17 :1-6, 17-17. Apocalypse 18 :1-8 ; Apocalypse 19 :1-3.
[26] Esaïe 2 :1-4 ; Daniel 2 :44-45 ; Daniel 7 :9-14,19-27 ; Apocalypse 12 :1-6; Apocalypse 14 :9-12 ; Apocalypse 17 :7-14 ; Apocalypse 19 :11-21.

sur leurs cendres un nouvel ordre politique mondial conforme au 5è système politique de droit divin annoncé dans les prophéties de Daniel 2 et 7 et dans celle d'Esaïe 2 :1-4[27].

IV. Objectifs intermédiaires

1. Restaurer le royaume de Dieu en République Démocratique du Congo, pays choisi par Dieu pour être la locomotive, la tête du rétablissement du règne de Dieu sur la terre, c'est-à-dire pays par lequel commencera la restauration de l'ordre politique de conception divine[28].

2. Exporter le modèle congolais dans tous les pays du monde.

V. Le but principal

Notre but principal est la distribution ou la diffusion internationale du livre scellé de sept sceaux, appelé « Petit livre » ou l'Evangile éternel.

VI. Activités principales
Ses activités principales consistent en :
1. L'envoi des livres contenant le message de l'Evangile éternel à tous les peuples du monde, en espérant faire connaître ce dernier message de Dieu à l'humanité, message parfait et définitif, qui unira l'humanité, la purifiera et la mettra en possession du royaume de Dieu. Il s'agit notamment des livres ci-après :

- Jésus – Christ, le Roi du monde annoncé dans les prophéties de Daniel chapitres 2 et 7.

- La balkanisation du monde, une solution divine à la pauvreté, au chômage, aux inégalités sociales et à l'instabilité politique.

- Donnez le tourment et le deuil à l'église catholique romaine alias Babylone la grande ô mon peuple !

- Muhammad, le coran et l'Islam ne viennent point de Dieu

- Le prophète Muhammad, un ennemi démasqué de Jésus - Christ.

- Rivalités entre Muhammad et Jésus-Christ - La grenouille qui se veut faire aussi grosse que le bœuf.

- Gardez-vous du message du graal.

---

[27] Apo 10:8-11; Apo 14:6-7; Esaïe 18:1-7.
[28] Esaïe 18 :3.

- Dans moins de 20 ans la papauté, l'église catholique romaine et les Etats-Unis seront détruits.
- Les gros mensonges des Témoins de Jéhovah.
- Jésus – Christ n'est pas le Dieu Très Haut.
- La Nouvelle naissance, semence, géniteurs, signes et obstacles.
- Réintégration d'Israël dans la nouvelle alliance.

2. La mise en place des structures théocratiques transitoires dans toutes les tribus de la RD Congo et du monde.

VII. Résultats attendus

- La balkanisation de la RD Congo et par ricochet celle de tous les Etats multinationaux du monde.
- Erection de chaque tribu de la Rd Congo et du monde en un Etat libre et indépendant, sous la forme d'un royaume et d'une Province royale du royaume de Dieu, totalement relevé de toute allégeance à l'égard d'un Etat quelconque de ce monde, doté du droit absolu de régler ses propres affaires sans en devoir aucun compte à quelque autre peuple que ce soit.
- Reconnaissance du christianisme comme l'unique religion du monde entier, statut qu'il avait acquis sous le règne de Théodose, un Empereur romain[29].
- Gouvernement de toutes les nations du monde par les Autorités et les lois venant exclusivement de Dieu[30].
- Disparition de toutes les armées du monde, des écoles de guerre et de tous les conflits armés.
- Eradication de la pauvreté, du chômage, des inégalités sociales, et de l'instabilité politique dans le monde.
- Recouvrement par les peuples de leur droit à la propriété privée des terres.

VIII. Collaboration

Tous les chrétiens sont informés que le Seigneur Jésus est intronisé depuis le 03 mai 1983. A dater de cette intronisation les chrétiens n'ont qu'une tâche commune à accomplir, à savoir diffuser et distribuer le message du livre scellé de sept sceaux, ou Evangile éternel, en vue du rétablissement du

---

[29] 380 AP. J.-C.
[30] Esaïe 2 :1-4 ; Apo 21 :24.

royaume de Dieu. **Quiconque poursuivra une autre activité soi-disant de la part et pour le compte de Dieu et du Christ perdra son salut.** Les objectifs autrefois assignés à la loi, aux prophètes et à la grâce sont atteints à la date de l'intronisation de Jésus - Christ[31]. Tous les chrétiens doivent s'unir comme un seul homme autour de l'Evangile éternel afin de renverser les royaumes de Satan qui écument la terre, et établir un nouvel ordre politique mondial qui garantira la paix, le droit, la justice, et le plus grand bien-être social pour tous ses habitants[32].

L'Eglise de l'Evangile éternel est un organisme sans but lucratif. Ses activités se déroulent d'une manière altruiste, sans en retirer aucun bénéfice financier. Elles sont entièrement financées par des dîmes, des aumônes, des sacrifices quotidiens, des offrandes cultuelles de ses membres ainsi que par des legs de ses bienfaiteurs, en l'occurrence des églises chrétiennes de l'ère de la grâce, **qui doivent se dissoudre et transférer leurs patrimoines à l'Eglise de l'Evangile éternel.**

Tous les fonds collectés par les églises chrétiennes durant des siècles au nom de Jésus - Christ doivent être employés pour financer les programmes de l'Evangile éternel. Nul ne doit dire que ses fonds lui appartiennent en propre. Quiconque gardera par devers lui les fonds récoltés au nom de Jésus au lieu de les investir dans son œuvre finale de diffusion de l'Evangile éternel, sera condamné pour cupidité et pour détournement des deniers du royaume de Dieu à des fins personnelles.

Collaborez avec nous. Le livre scellé décrit des fléaux terribles qui frapperont le monde et feront disparaître notre civilisation. Certaines religions et cultures, voire certaines écoles scientifiques, attribuent ces fléaux à des causes naturelles, comme la chute des astres et des météorites sur la terre. En vérité ces événements relèvent de la colère de Dieu qui les avait annoncés dès longtemps à l'avance par la bouche de ses serviteurs les prophètes[33]. Ces fléaux rendront la terre inhabitable, et la vie sera impossible sur la terre[34]. Pour être sauvé il faudra coûte que coûte quitter la terre pour aller sur une autre planète. Le livre scellé indique deux formules pour survivre à la destruction de la terre. La première consiste à quitter la planète avant l'arrivée desdits fléaux pour aller au ciel. Ce qu'on appelle l'enlèvement de l'Eglise[35]. La seconde qui lui est semblable consiste à émigrer vers un endroit sûr préparé par Dieu pour y abriter son peuple, toujours sur la terre. Ce que l'on appelle la fuite de l'Eglise vers le désert[36]. D'où la nécessité et l'urgence qu'il y a de

---

[31] Luc 16 :16 ; 1 Corinthiens 13 :9 ; Apocalypse 14 :6-7.
[32] 1 Corinthiens 15 :24 ; Apocalypse 17 :12-14.
[33] Esaïe 13 :6-9 ; Malachie 4 :1-3 ; Matthieu 24 :29 ; 2 Pierre 3 :10-12 ; Apocalypse 8 :1 ; Apocalypse 15 :1 ; Apocalypse 16 :1-20.
[34] Apocalypse16.
[35] Apocalypse 12 :5.
[36] Apo 12 :6.

diffuser ce message pour que les personnes intéressées se lancent à temps au travail pour atteindre la transformation de leurs cœurs pour pouvoir quitter la terre avant l'arrivée desdits fléaux.

Si vous pouvez nous aider à faire connaitre le livre scellé, l'Evangile éternel, le petit livre, à vos proches, amis et connaissances, le ciel vous comblera de ses grâces.

Car il est écrit :
Jean 4 :36 – 38 :

Celui qui moissonne reçoit un salaire, et amasse des fruits pour la vie éternelle, afin que celui qui sème et celui qui moissonne se réjouissent ensemble. Car en ceci ce qu'on dit est vrai : Autre est celui qui sème, et autre celui qui moissonne. Je vous ai envoyés moissonner ce que vous n'avez pas travaillé ; d'autres ont travaillé, et vous êtes entrés dans leur travail.

Nous vous encourageons vivement à saisir ce salaire en participant activement à la diffusion du message du livre scellé de sept sceaux et en maintenant une plus grande collaboration avec nous. Car il est écrit d'autre part:

Jean 6 : 27 :

Travaillez, non pour la nourriture qui périt, mais pour celle qui subsiste pour la vie éternelle, et que le Fils de l'homme vous donnera ; car c'est lui que le Père, que Dieu a marqué de son sceau.

Vous avez assez travaillé pour nourrir votre famille, et pour édifier la présente civilisation. Travaillez maintenant pour gagner la vie éternelle sur une terre transformée en paradis.

CONCERNANT L'AUTEUR

Kamango Selemani Sheta – Sheta appartient à l'ethnie SONGE dont l'érudit sénégalais, Cheikh Anta Diop, égyptologue de renommée planétaire, a dit qu'elle parle la même langue que les Egyptiens qui avaient bâti les pyramides, qui sont une des merveilles du monde.

Cela fait comprendre que les BASONGE sont venus de l'Egypte. A ce titre, ils ont participé à l'invention de l'écriture et ont donc contribué à faire sortir l'humanité de la préhistoire pour l'introduire dans l'histoire, la faisant passer de la tradition orale à la tradition écrite.

Il va sans dire que les BASONGE ont contribué à élever la vie humaine au-dessus des conditions animales en la rendant différente de la vie des bêtes.

C'est donc de ce peuple fort et puissant, intelligent et ingénieux, qu'est né l'auteur du présent livre, un certain 29 novembre 1953 à Kongolo, étant fils de Kamango Kilumbu Gustave et de Mangaza Nkongolo Clémentine, dits de nationalité congolaise selon la volonté des Belges, province du Maniema, territoire de Kasongo, collectivité de BASONGE 1er, groupement de Loengo, cité de Samba.

Chez les Basonge mêmes, Kamango Selemani Sheta-Sheta est un homme de haute naissance. Son père est un Prince des Benya MUDIMA, sa mère une Princesse des Benya KALEEMBA. Son grand-père paternel, le Grand Chef Mwana Kahambwe Ngalu et son grand-père maternel, le Grand chef Mwana Ntambwe Lumpangu, avaient bâti une coalition des chefs Songe et organisé une résistance farouche à la colonisation belge, afin de préserver leurs trônes, leurs trésors, leurs richesses, leurs valeurs ainsi que le droit de leurs peuples à la dignité humaine, à la liberté, à la propriété privée des terres, et à l'autodétermination. L'homme blanc n'a pu mettre ses pieds à Nalwe, la capitale, jusqu'à ce qu'il s'agenouillât et s'engageât à les traiter avec dignité.

Il n'est donc pas étonnant que le Dieu Très-Haut recoure à une postérité Songe pour contribuer cette fois-ci à la délivrance de l'humanité de la corruption, de la cruelle oppression politique et de l'impitoyable exploitation économique d'origine romaine imposées par l'église catholique romaine, ses rois et ses marchands véreux. Longtemps avant, le Prophète Esaïe avait annoncé qu'il y aurait en Afrique centrale une nation forte et puissante dont l'Eternel allait se servir comme instrument de sa colère pour juger le monde. (Esaïe18 :1-7). Les faits montrent qu'il s'agit des chrétiens d'origine Songe. En effet, de tous les peuples de la région susvisée seul le peuple Songe menace, par son fils, l'auteur de ce livre, l'Etat de Vatican, l'église catholique romaine, les Etats européens, les Etats-Unis d'Amérique et l'islam, qui sont les adversaires les plus puissants mais aussi les plus maquillés de Dieu et de son Christ.

Prédestiné à conduire le combat des saints de Dieu contre les forces du mal en vue de l'établissement du royaume de Dieu sur la terre, il sera tiré de la boue des péchés, lavé, sanctifié et justifié au nom de Jésus-Christ fin 1980. C'est ainsi que le 11 février 1981, il sera oint de force et d'esprit, le Saint-Esprit étant descendu sur lui sous une forme corporelle, comme une colombe, à trois reprises la même nuit, et une voix faisant entendre du ciel, à chaque descente de la colombe, ces paroles : « Reçois le Saint-Esprit ». Trois jours après, soit le 14 du même mois, il sera baptisé de force et d'esprit publiquement, un feu précédé d'un coup de vent l'ayant couvert de la plante des pieds à la tête, avant qu'une colonne de lumière venant du ciel, étincelant comme l'éclair, vînt couronner la cérémonie d'investiture en clignotant trois fois devant sa face.

Le 03 mai 1983 Dieu l'établit en qualité de Messager de l'Evangile éternel promis dans Apocalypse 14 :6-7, chargé d'annoncer à tous les peuples, à toutes les tribus, à toutes les nations, à toutes les langues, et à tous les chefs des nations de la terre, la bonne nouvelle de la venue du jugement et de l'intronisation du Fils de Dieu, Jésus-Christ.

Ont déjà paru à la même source :

- Donnez le tourment et le deuil à l'église catholique romaine – Babylone la grande est tombée
- Jésus-Christ, le Roi du monde – Accomplissement des prophéties de Daniel 2 et 7
- La Balkanisation du monde - Une solution divine à la pauvreté, au chômage, aux inégalités sociales et à l'instabilité politique dans le monde
- Muhammad, le coran et l'islam ne viennent point de Dieu
- Le prophète Muhammad – Un ennemi démasqué de Jésus-Christ
- Rivalités entre Muhammad et Jésus-Christ - La grenouille qui se veut faire aussi grosse que le boeuf
- Jésus-Christ n'est pas le Dieu Très-Haut
- Les Gros mensonges des Témoins de Jéhovah
- J'ai tué Abd-ru-Shin
- La Nouvelle naissance - Semence, géniteurs, signes et obstacles
- Sortez de l'Eglise catholique romaine, mon peuple - Echappez aux fléaux qui lui sont destinés
- Réintégration d'Israël dans la nouvelle alliance – Dieu n'a pas rejeté son peuple, qu'il a connu d'avance.
- Prières pour la fin du monde
- 36 Raisons de balkaniser la RD Congo

TABLE DES MATIERES

INTRODUCTION 5
1. LA RICHESSE MATERIELLE N'EST PAS UNE PREUVE DE L'APPROBATION DIVINE 5
2. LES DIMES SONT POUR LES PRETRES 9
3. LES OFFRANDES SAINTES SONT POUR LES PRETRES 9
4. TOUT PASTEUR N'EST PAS UN PRETRE 9
5. LES MOYENS D'ENRTETIEN DES PASTEURS ET PROPHETES 11
6. TOUS LES CHRETIENS NE SONT PAS DES PRETRES 13
7. COMMENT RECONNAITRE UN VRAI PRETRE ? 14
8. CONCLUSION 19

APPENDICE 1 22

APPENDICE 2 29

APPENDICE 3 34

L'EGLISE DE L'EVANGILE ETERNEL 34

LA SEULE VRAIE EGLISE DE DIEU 34

   SA PREHISTOIRE 36
      1. Le choix de son fondateur 36
      2. Le bapteme de feu et d'Esprit 36
      3. Pretre-roi et Grand Prophete 36
      4. Batisseur du Temple de Dieu 37
      5. Predicateur d'un Evangile eternel 37
      6. Detenteur du livre scelle de sept sceaux. 37
      7. Pourquoi Sheta – Sheta ? 38
         I. Finalité 39
         II. Objectifs généraux 39
         III. Objectif stratégique 39
         IV. Objectifs intermédiaires 40
         V. Le but principal 40
         VI. Activités principales 40
         VII. Résultats attendus 41
         VIII. Collaboration 41

CONCERNANT L'AUTEUR 44

TABLE DES MATIERES 47

www.ingramcontent.com/pod-product-compliance
Lightning Source LLC
Chambersburg PA
CBHW071514150426
43191CB00009B/1529